Es un payaso

Mari Robles

ilustrado por Geoff Smith

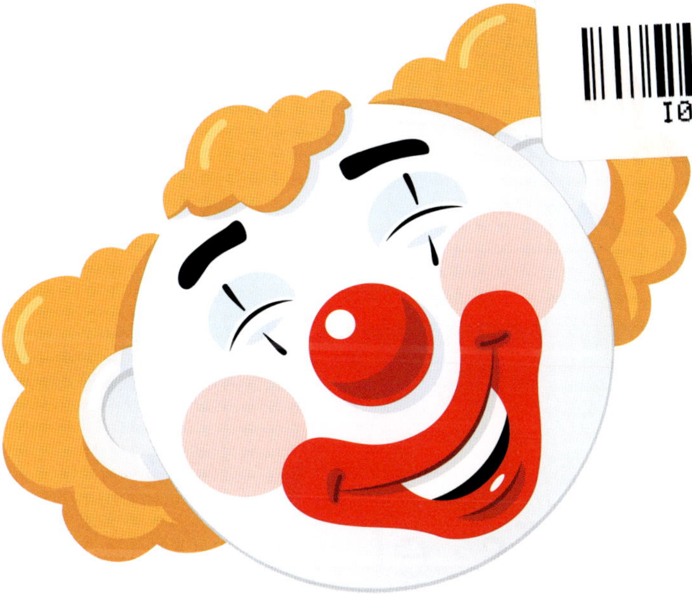

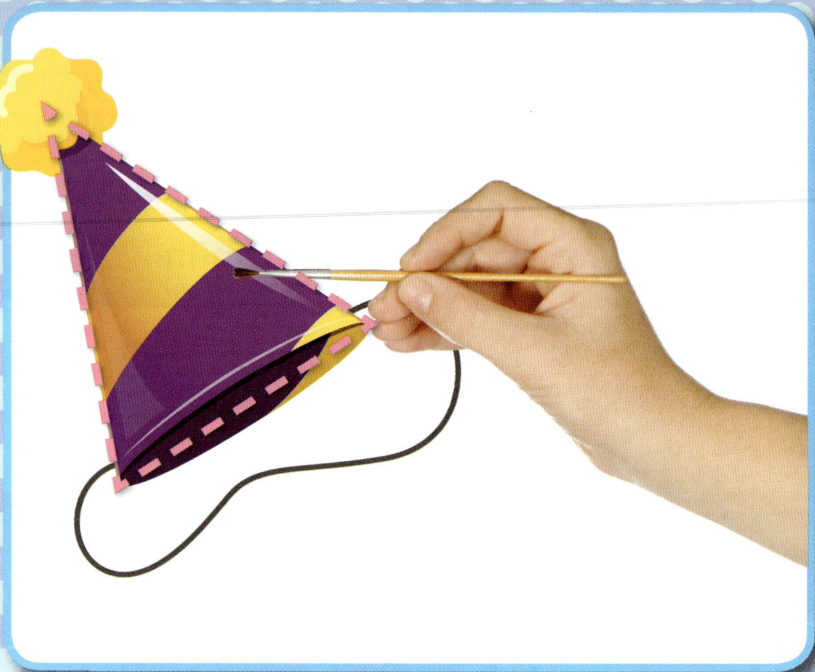

Es el 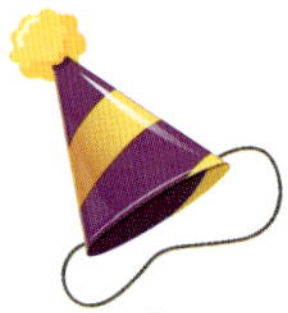 .

sombrero

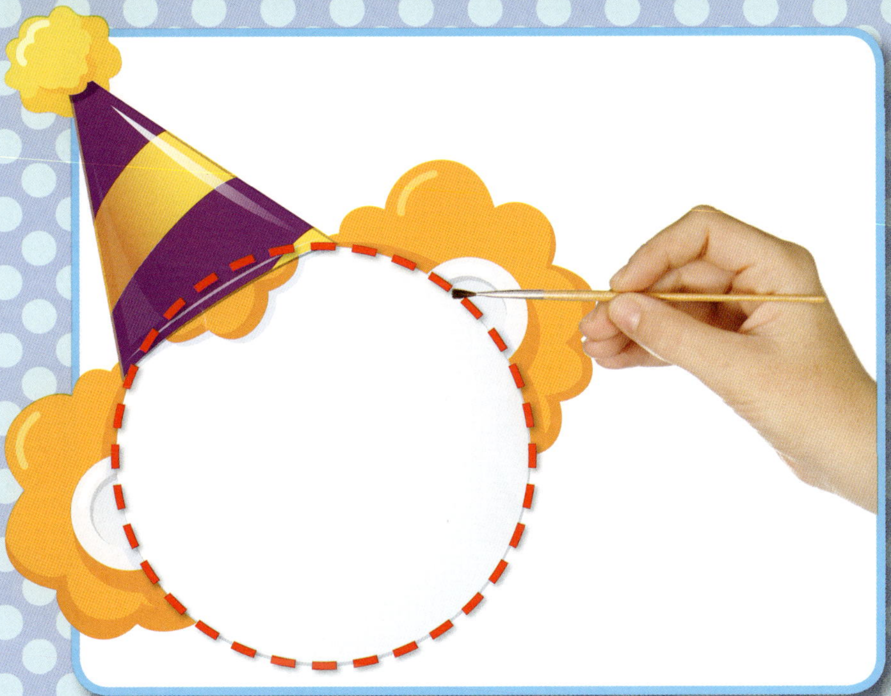

Es la 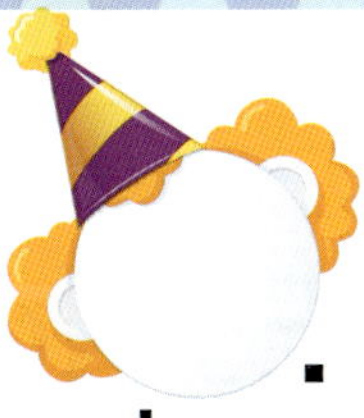.
cabeza

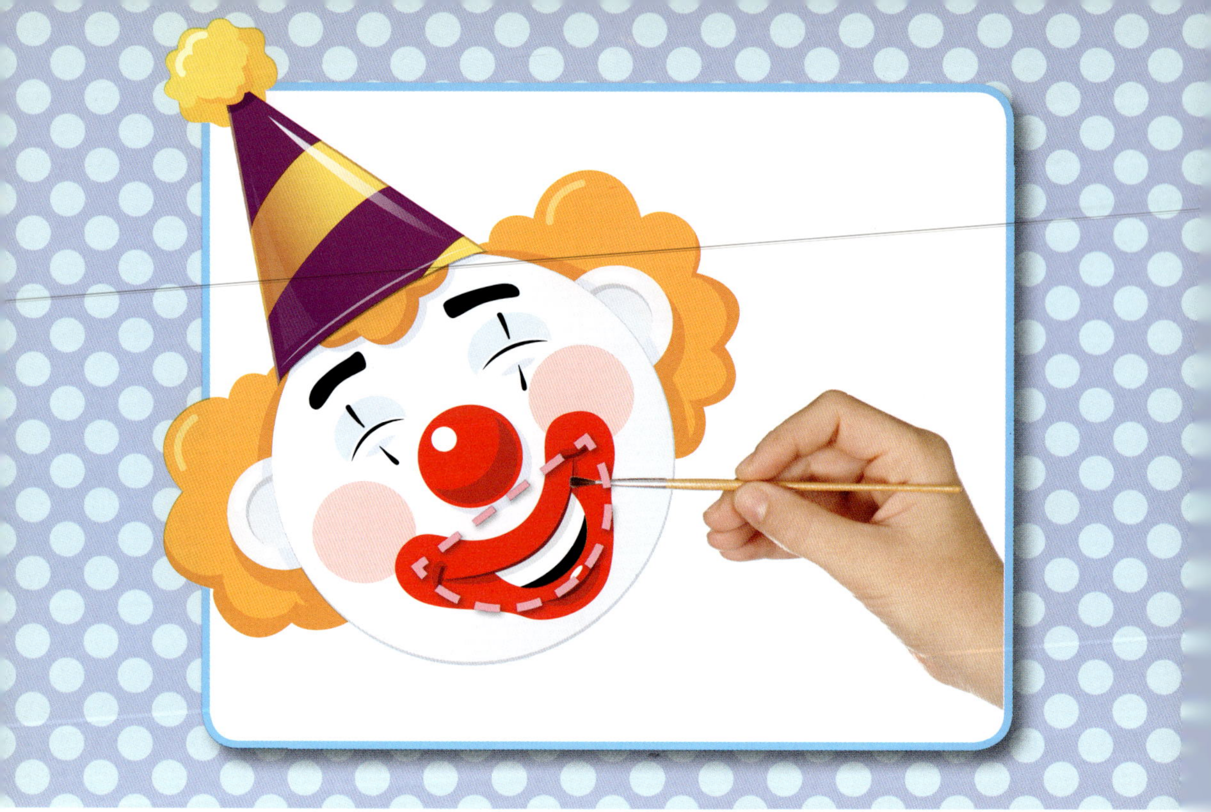

Es la 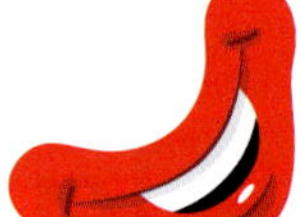 .

sonrisa

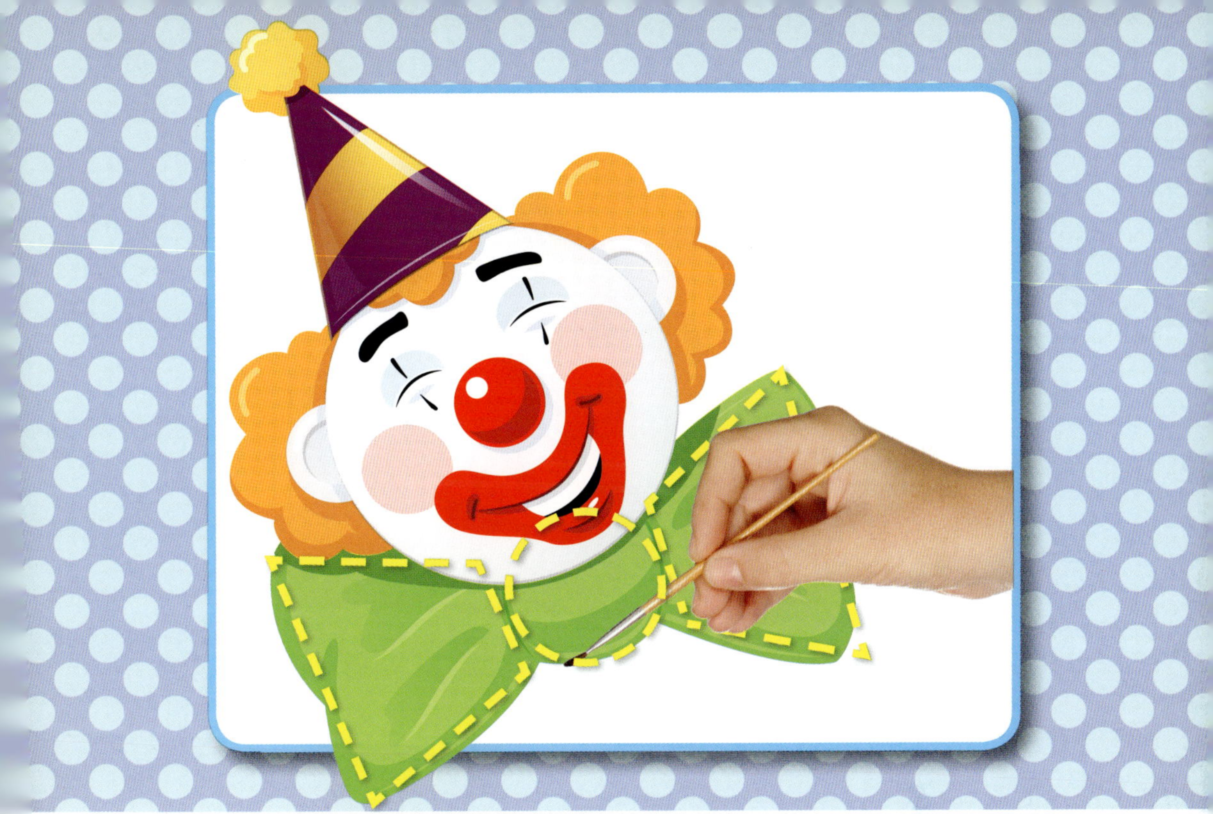

Es el  corbatín . ¡Sí!

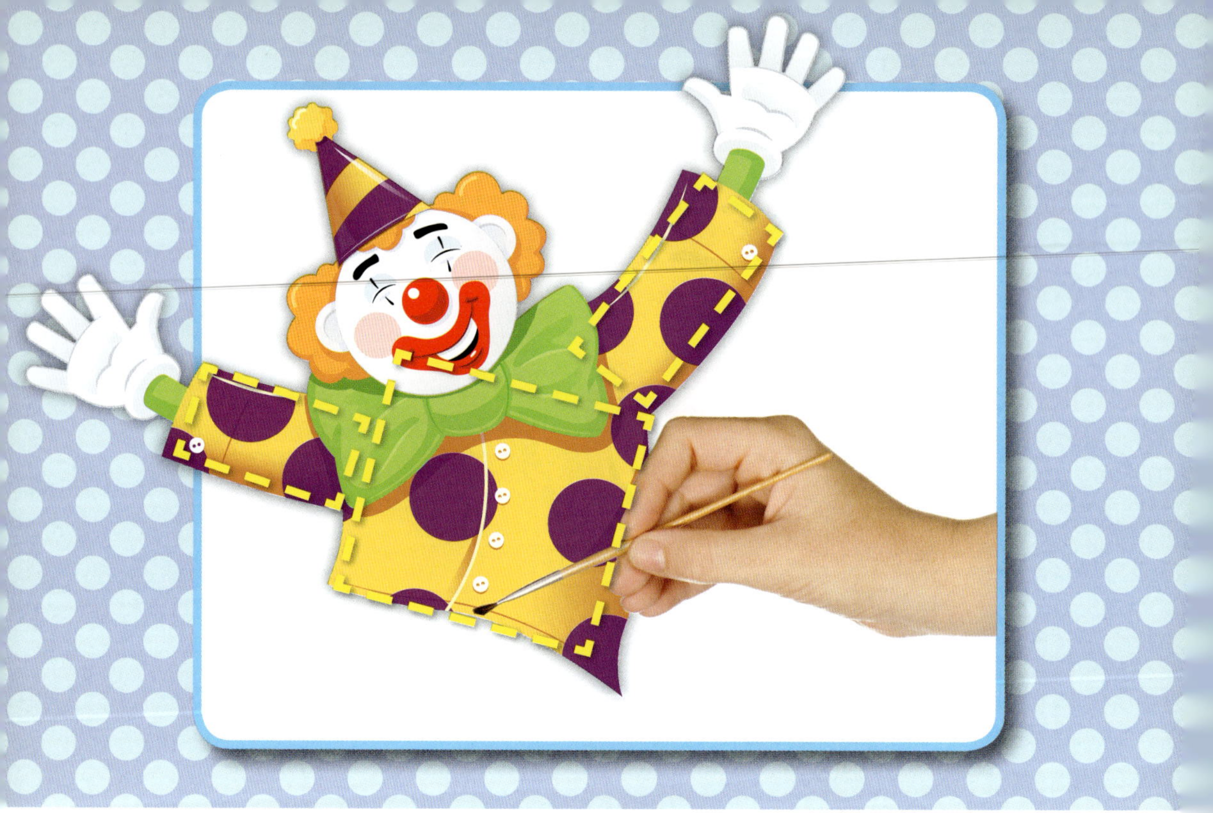

Es la 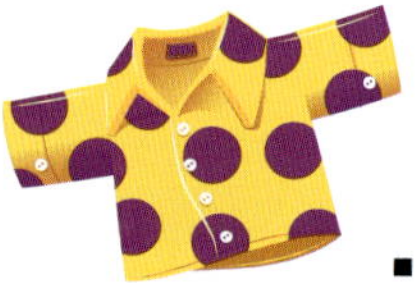 camisa. ¡Sí!

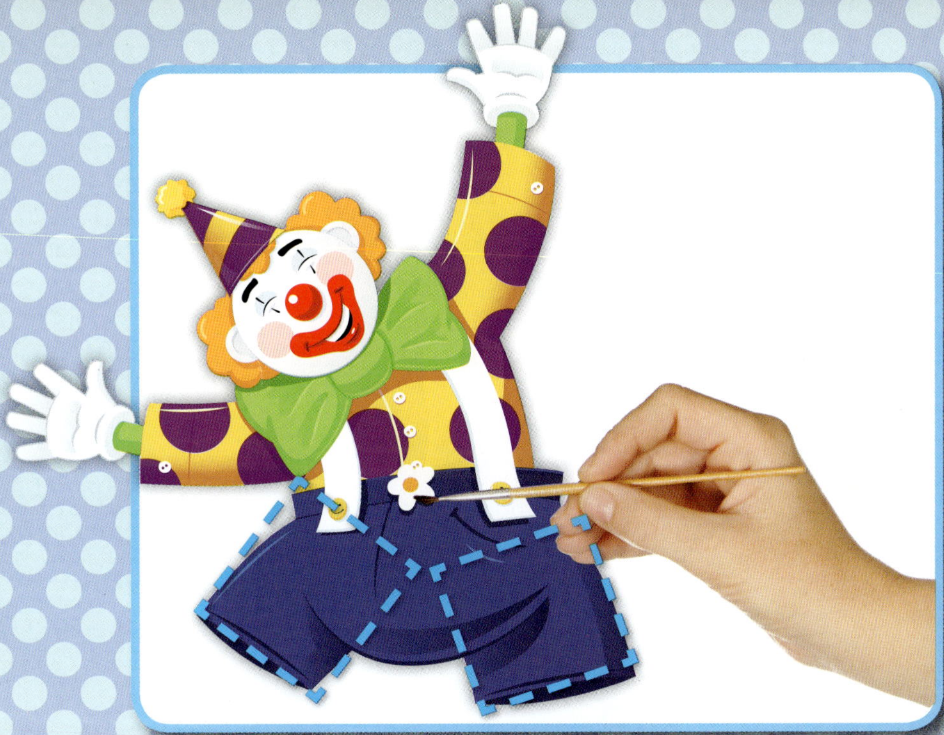

Es el 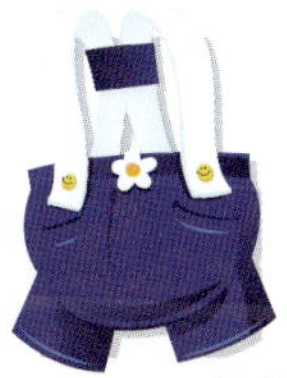 . ¡Sí!

pantalón

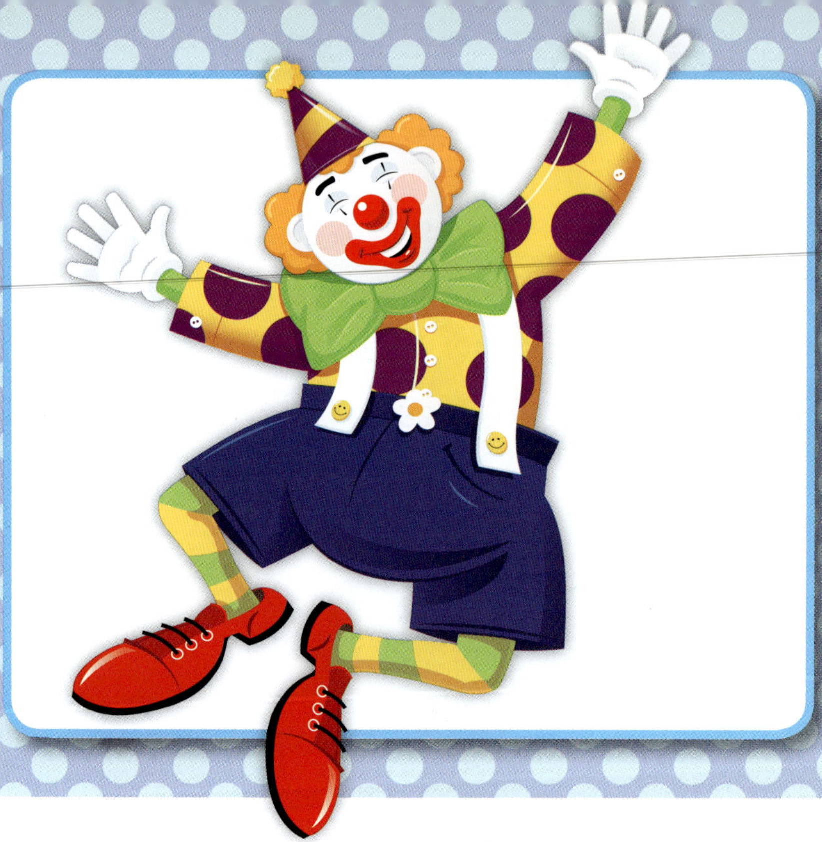

Es un 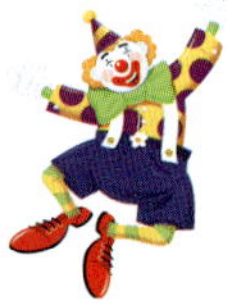 . ¡Sí!

payaso